sumi tsugu

すみつぐ

愛すべき第2のふるさと　走井

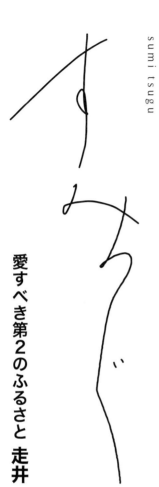

はじめに

NPO法人くらすむ滋賀は、美しい建物を次代へ住み継ぐまちづくりを通じて、心に残る風景やまち並みの保存に寄与したいと考えています。

住まい手や建物に関わる人々の建物に向けた想いや思い出に寄り添い、それぞれのナラティブから「まち」「地域」「自然」「文化」「生活」「暮らし」などを聴き取る「住まいの記憶史調査」を行い、空き家を地域課題ではなく地域資源と捉え直し、まちづくりに生かしていくことを目指しています。

今回訪れたのは、滋賀県栗東市の南部に位置する中山間地域、「奥こんぜ」とも言われる走井。

集落に在る「空き家」についての「語り」を得ようと、宮城《みやぎ》定《さだ》右衛《え》門《もん》氏を訪問。走井集落の存続や農林業の後継者問題、まちづくりに向けた熱い

想い、自身が住まう宮城邸の歴史と成長の物語を聴きました。我々訪問者への温かい心遣いに触れ、くらすむ滋賀として何かお手伝いできないかと思うに至りました。

この「住まいの記憶史調査」から得られた多くの「語り」を生かし、走井の暮らしや地域行事、奥こんぜの農林業や地域文化の継承に向けた課題を共有するためのツールとして、本書「すみつぐ走井《はしり》」を作ることにしたのです。

宮城定右衛門さんという地域のまちづくりを牽引する人物、第2のふるさとと呼びたくなる走井を紹介することで、私たちがコミュニティの一員かのように温かく受け入れられた感動を、読者の皆さんと分かち合い、私たちの仲間へとご案内できたら幸いです。

目次

1

屋敷とひと

住まいの記憶史調査の始まり

宮城邸を初めて訪れたのは、令和4（2022）年11月。屋敷の玄関先を紅葉が彩り、建物や山の美しさが引き立つ季節でした。

田植えや稲刈り、「ハーベスタ イン走井《はしり》」と、ようやく慌しい季節を終えた頃で、宮城さんの疲れもピークだったのではないかと思います。

そんな忙しい時期にも関わらず、私たちの「住まいの記憶史調査」に、快くご協力してくださるというので、嬉々として訪問したことを覚えています。

調査は、氏名・年齢・家族構成といった基本データから聴き取りを始めることが通例であり、わがまちではかなり有名人である宮城さんには、失礼な質問だったにも関わらず、屈託のない笑顔でご対応くださり、気さくで親しみやすい人柄のとりこになりました。

宮城邸の経歴

母屋《おもや》の改修

現存する宮城邸は、平成元（1989）年に定右衛門《さだえもん》さんの代で建て替えられたものです。

それまでは茅葺き屋根の家屋でしたが、葺き替えのサイクルにあわせて茅を集めることが困難になり、瓦葺きの屋根に改修することを決断したといいます。

建築施工には、父親（定一郎さん）の紹介で、能登川の宮大工の浅田工務店が選ばれました。

躯体は従来のものを使いつつ、新たに使う部材の全てが所有する山の木材。金勝製材で製材、能登川の工務店で刻み、走井の現場で組み立てるという当時では珍しい施工方法で築造されました。輸送にも時間がかかり、3年程の年月が費されたそうです。

広い縁側の木材、襖などの差物に使われる多くの部材が、自らの山の木材を活用していることに誇りを持たれており、とても自然体で格好よく、林業家※1ならではのこだわりではないでしょうか。

外観からも見える骨格となる梁や柱などは、かつての古材をうまく使っており、重厚感のある古民家の伝統工法のリノベーション物件です。私たちを惹き寄せる魅力は、こうした木材と伝統工法にあるのでしょう。

残念なのは、メディアの取材か何かの時にその建て替え工事を紹介するために見せた写真の所在が不明になったこと。

「探してみるか？」と冗談めいた言い方をされた定右衛門さん。屋根裏は物置として使われており、構造材を見たいという私たちを「整理ができてへんのや」と言いつつも、快く案内してくださいました。

忙しい定右衛門さんになりかわり、いつかこの屋根裏にあるというアルバムをめくり、当時の様子の記録を探したいと思います。

※1　林業家
滋賀県の森林面積は20万3000haで全国面積に占める割合は約0・8％（2017年度・森林林業統計要覧2021）。林業就業者は県内で452名、うち栗東市は10名（滋賀県森林・林業統計要覧　令和4年度）。林業、農業についての取り組みの詳細は、3章を参照。

農地の開拓

母屋の改修工事に着手する少し前、家屋の真正面にある山や田畑を農園として開墾する工事が進められました。現在の宮城農園が生まれる前の姿です。

山の土は良質の真砂土で、5万～10万㎥もの土が搬出され、70枚ほどあった棚田などが集約化されたという一大事業。

この工事で通行する車両のために、林道整備も進められました。整備には多額の拠出を伴いましたが、この道路整備により、宮城家の改修工事に必要な木材の運搬が可能となりました。

大事を成すためのこの大きな決断で、走井地域の一大事業が進められたことは、今の定右衛門さんの農林業にもつながっています。

防風林

屋敷の周辺にはさまざまな大木が植わっていました。父親（定一郎さん）が屋敷を風から守るためにと植えた木が大きく成長したものです。「屋敷を守る役割もあるが、屋敷を痛める役目もする」。早く切らないといけなかったが、伐採したのは「父親が亡くなってから」でした。

屋敷に接近しすぎたことや近隣の屋敷への影響も心配しつつ、それまで伐採しなかったのは定右衛門さんの優しさなのでしょう。なんでも自分でする定右衛門さんですが、さすがに手に負えず専門業者に頼むほどの大木だったといいます。

広大で豊かな家屋敷を羨ましく思うのは、私たちの身勝手な羨望で、大木の管理や広い庭の草刈りなど、苦労が絶えないのが住まう者の本音なのかもしれません。

間取り

設計は、基本的に建て替え前の明治期の間取りが踏襲されています。

走井の在所の会議や家族が集まる寄り合いや法事などのための伝統的な田の字（四つ間）は、大勢で聞き取りに押し掛けた私たちにも好都合な間取りです。

まさに「人が集まる」家屋は、普段からの多くの来客に対応しており、造り上げた意図に従い使いこなされているのがわかります。

離れ

母屋の裏にある離れは、母屋の改修工事の時や、建て替え前にも定右衛門さんご夫婦や子どもの部屋として活用されていたようで、今でも農産物の加工など、多様な用途に使われています。

一部老朽化が進み、痛みが生じていますが、この修繕は息子さんの代に改修を残しておくと定右衛門さん。今は別に暮らしている次代の担い手に、改修の余地を残しているのも、この家屋が住み継がれていく物語の途上にあることの証左と言えそうです。

「屋敷を完成させてしまうのは良いことでは無い」という定右衛門さんの想いを受け、長い月日をかけながら維持管理していくことも、持続可能な暮らしとして大切にすべきことなのだと気づかされます。

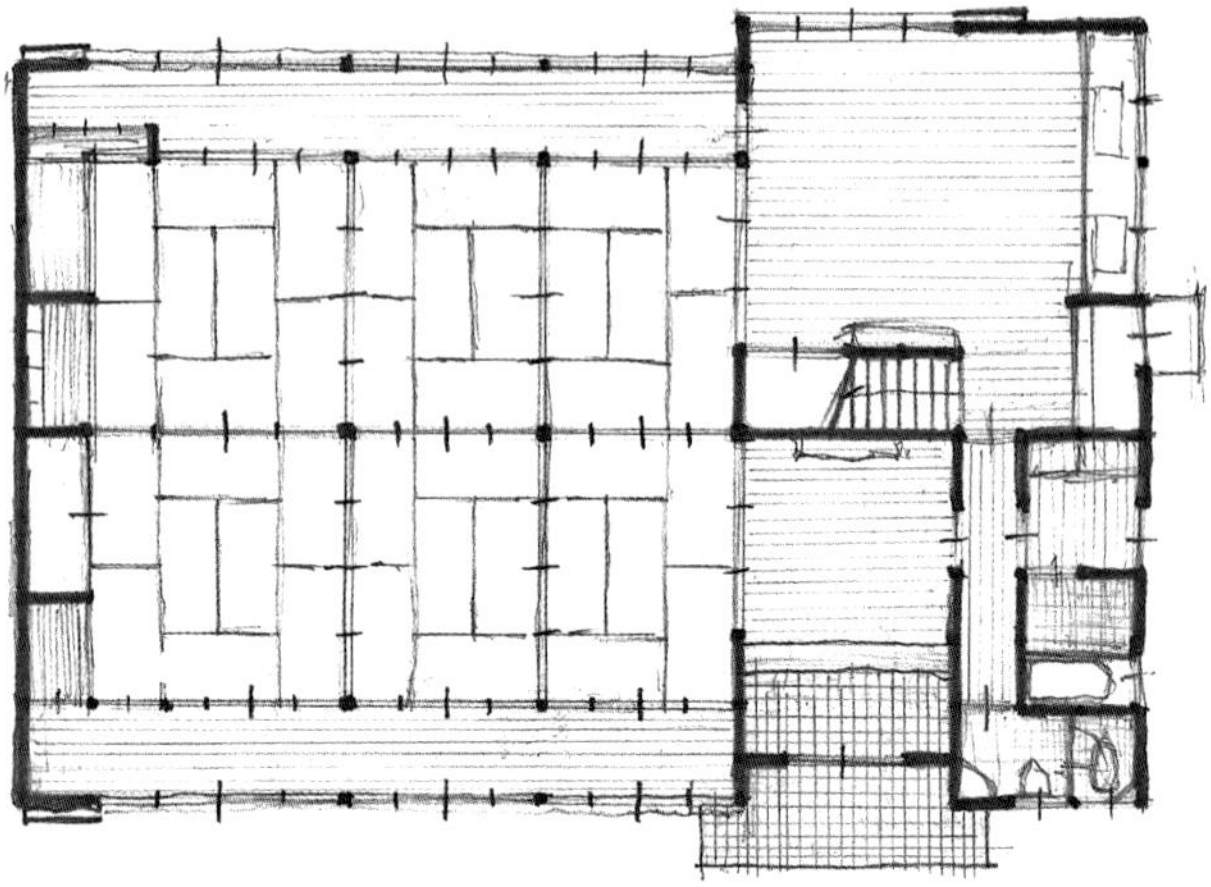

1階

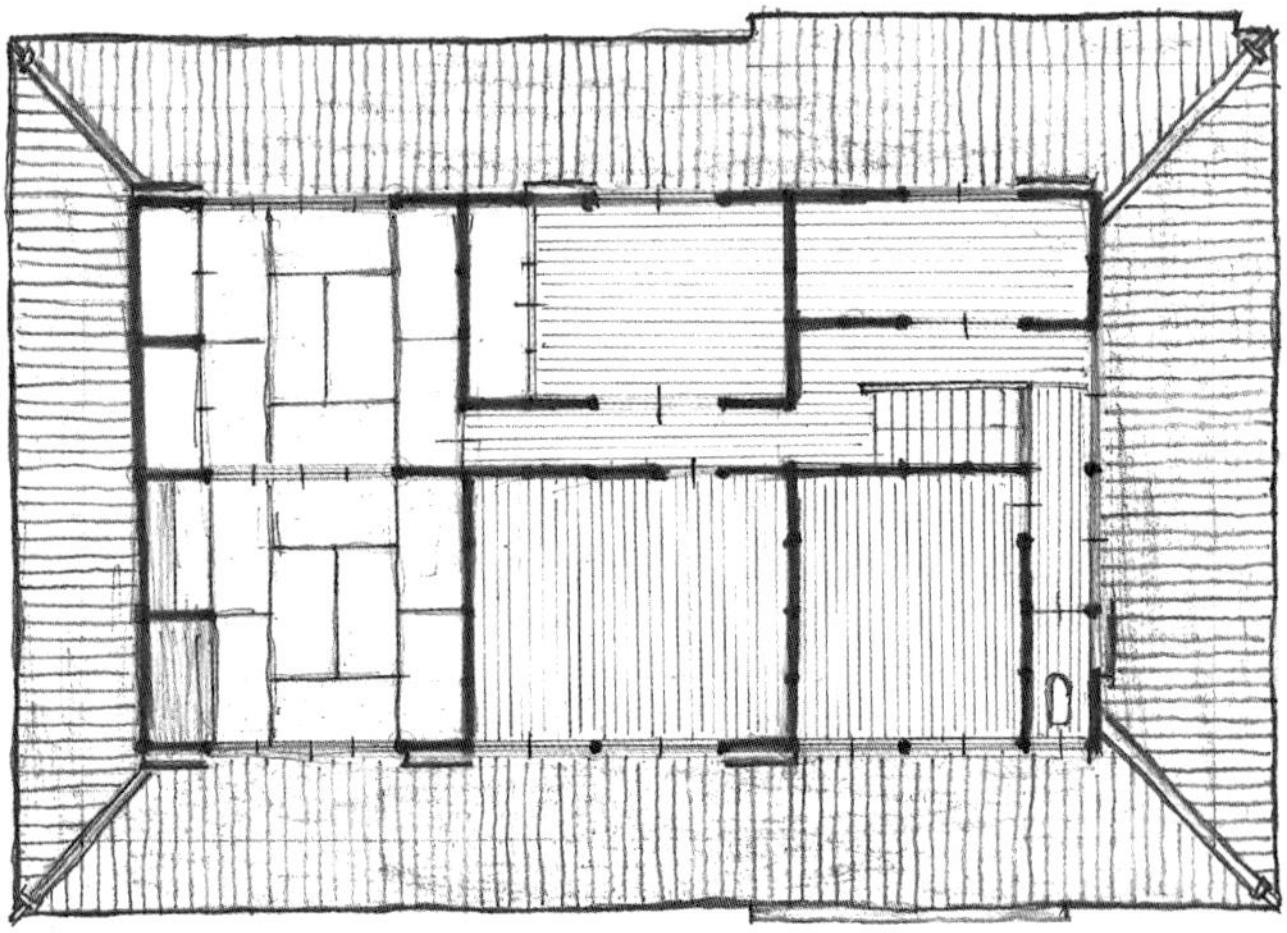

2階

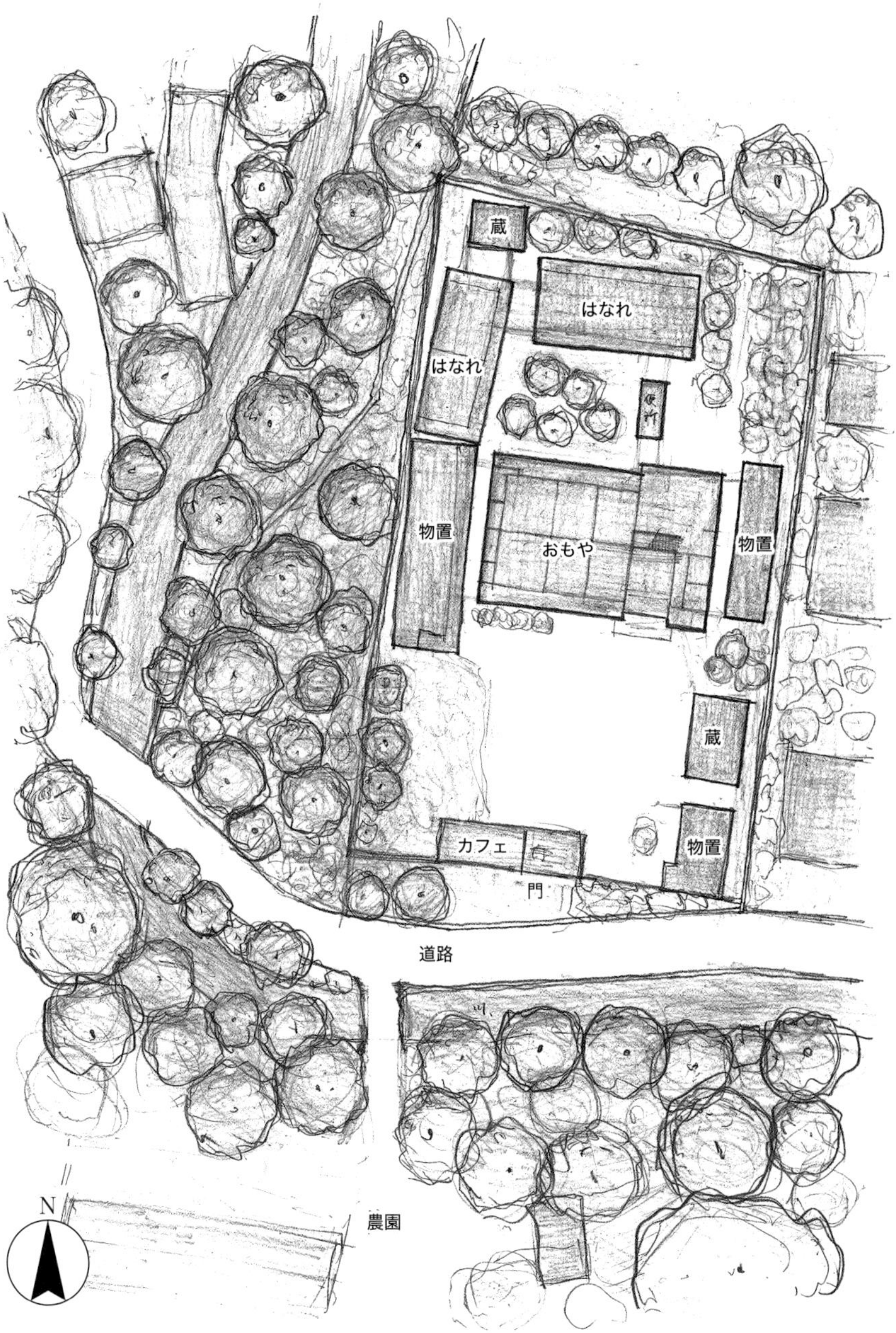
蔵
はなれ
はなれ
物置
おもや
物置
蔵
カフェ
物置
門
道路
N
農園

門塀とカフェ

私たちが初めて訪問した頃、定右衛門さんは休憩所づくりの木材の製材作業を熱心にされていました。ブルーベリー観光農園の準備が進む中、来客用の休憩所が無いことを心配し、自身で工事を進めておられました。

立派な門塀の一部を部分的に取り壊して進められる休憩所建築に、心のどこかで惜しい気持ちになりました。しかし、出来上がりを見て流石だなと大きく納得。

令和5（2023）年7月、「はしりＦａｒｍブルーベリー農園」が開園。もともとそこにあったかのような休憩所が開園に合わせてオープンしました。

さまざまな営みに合わせ、今も、長い年月の成長の途中なのだと気づかされます。そして古民家が長年のライフスタイルの変化に柔軟に適応して使われてきたことが、一連の歴史の流れの一部なのだと改めて感じさせられました。

蔵

宮城家を訪れる途中、下から見上げると、家屋敷は土塀で囲まれており、本当に立派な屋敷だという印象です。蔵はその最も奥にあります。

「蔵には良いものがあるんでしょうね」と聴くと「そんなええもんはないよ」と謙遜の笑顔。

まだ見ぬ蔵の中に、何が眠っているのか、期待感は高まるばかり。宮城邸の歴史が詰まった蔵をいつの日か、調査させてもらいたい、さらには走井の地域イベントとして、「蔵出しワークショップ」をするのはどうだろうと妄想は膨らみます。

宮城家のこと

定右衛門さん

昭和13（1938）年11月13日生まれ。終戦を迎えたのは小学1年生の時。

新聞配達を小学6年生まで続け、中学校からは農作業の手伝い。農繁期には中学校を一週間休むこともあったけれど、当時はそれが当たり前のことだったから、自分だけが真面目だったわけでは無い、と言います。

高校は、草津高校園芸科が開設された年に入学し第一期生として卒業。長い農林業に携わる人生がその時から始まっていたかのようです。

豊かな山の資源が町とのつながりとなっており、山の適正管理にもなっていましたが、高校生の頃、祖父武一郎さんが他界。その相続税を払うため、多くの木材を切り出し、山は禿山状態となったといいます。

高校卒業後は、家業の農林業に従事。町の人々の暮らしに欠かせない、芝や割木を草津市のシバタケまで売りに行くなどして生計を支えていました。

結婚は23歳。子どもは二人。特別な転機や印象深い出来事はそんなになかったと話されます。

走井に住み続け、走井のために生きる定右衛門さん。令和6（2024）年、50年前の木々が伐採の時期を迎えています。目下の目標は、今家で育てている苗木を植え、次の伐採を見届けること、とにっこり。

ルーツ

定右衛門さんの話しによると、宮城家のルーツは豊臣家の家臣である宮城《みやぎ》豊盛《とよもり》公※2に遡ることができるそうです。丹波守であったこともあり、丹波国との縁が深いとされ、丹波篠山の博物館学芸員が、宮城家の家系図調査のため定右衛門さんに調査に来られたこともあるといいます。また、豊盛公の墓所は、栗東市東坂にある阿弥陀寺に在ることからも、歴史ロマンと現実がつながると感じます。

定右衛門さんによると、丹波《たんば》篠山《ささやま》から走井に移り住んだのが江戸中期の頃だそうで、豊盛公まで遡ると約400年という年月。「定右衛門」という名前も、代々襲名してきたそうで、19代目か20代目に当たるそうです。

後継者

定右衛門さんには二人のお子さんがおられます。長男は関東に仕事の関係で移り住んでおられ、近々退職する頃に戻ってこられるとか。

京都で暮らしていた長女の智恵美さんは、両親の高齢化を心配して、近年二拠点で生活。福祉関係の仕事を辞め、実家の手伝いに戻ってきてからは、観光農園を手がけるため、農業大学校に通うなど、かなり積極的で思い切った人。異業種に向き合うことにまったく不安はなかったそうです。とてもポジティブで決断力のある性格は父親譲りなのでしょう。

宮城家の後継者問題は曇りなく明るいものに感じます。

しかし、定右衛門さんの農業・林業のこれまでの積み上げてきた功績やノウハウは、自身で研究会を立ち上げる（後述）などの取り組みをされているものの、なかなか簡単に引き継げるものではなさそうです。

今回の調査で、定右衛門さんという人となりに触れ、その生き方を紹介できることで、より広く後世に残すべきことを知ることができました。

これからも継続して調査を進めることは、私たちが思っている以上に大切なことと言えそうです。

※2　宮城豊盛公
天文24（1555）年～元和6（1620）年6月29日。近江国の武将。義父宮城堅甫《かたよし》は織田信長、羽柴秀吉に仕え、豊盛も継いで譜代の家臣に。以後、秀頼、徳川家康、秀忠と仕える。墓所は金勝山《こんぜ》阿弥陀寺（栗東市東坂）。宮城氏館跡が栗東市大橋に残されている。

はしりFarm

2

第2のふるさと走井

走井の歴史

走井は、金勝寺の創建後、参道にできた集落で、かつては現在の集落よりも1・5㎞ほど金勝寺に近い不動谷の中間あたりにあったと言われています。その後、山津波などの影響を受け、現在の位置に移ったものと考えられます。

集落の山林は、金勝寺の近くにあり、その所有名義が26人ということから、かつては26軒で構成された集落であると推測できます。

令和4（2022）年現在、その数は14戸に減少しており、廣徳寺《こうとくじ》や善福寺《ぜんぷくじ》には、片山、美之郷、山寺などに移り住んでいったという記録が残されています。身近な集落に社会移動を起こす、何らかの要因があったようです。

廣徳寺

永正17（1520）年、室町時代に称阿和尚が開基したと言われる廣徳寺（浄土宗）は、走井の玄関口に位置し、走井の象徴的な存在といえます。

不動堂や薬師堂があり、今でも年1回の法要がとり行われています。

令和6（2024）年1月、前住職・村松經子さんにお話しをうかがいました。

經子さんは三人姉妹の末っ子として生まれました。

父親の霊的な体験では、經子さんや、その息子の現住職・雄道《ゆうどう》さんが生まれてくる前から廣徳寺の跡取りであり、誕生する月日や時間までもが告げられていたそうです。

どのような体験だったのか、ここでは触れませんが、神秘的な話しを、優しさや愛情に溢れた語り口調で聴くと、その情景が浮かび上がり、時空を超えた旅に誘われるような気にさせられました。

その語りからは、地域のさまざまな人との思い出、そして行事を通じた地域の人々の成長の姿など、走井を愛する気持ちも伝わってきます。

廣徳寺は、浄土宗の信仰の対象としての寺院というだけではなく、地域の人たちが集まるさまざまな行事が行われてきました。温かい、つながりのための大切な場であったのでしょう。走井の子どもたちにとってもそこは遊び場であり、經子さんは、一人ひとりに語りかけ、幼い頃から見守り続けたといいます。

ここで暮らすということは、地域全体に見守られていることを象徴するようです。

近年、個人主義が行き過ぎた時代にあるなか、温かい人のつながりを実感できるのが走井といえるのではないでしょうか。

学生と中央が經子さん

走井の講行事

走井の講行事は、伊勢講、愛宕《あたご》講、オコナイ（行《おこな》い）講、お地蔵さんなど。かつては御田《おんだ》講、げのと講、勘定講、もち講があったとされます。

昭和40年頃までは、在所（集落）と出子（走井から地区外へ出た人）合同の山道作り（17人）や墓道作り（10人）、また伊勢講でお伊勢さんへ代参した人を坂迎と称して集まり労を労う行事なども行われていました。家の普請や葬儀などは結《ゆい》といわれる労力の賃貸借的な風習もありましたが、今は無くなりつつあるといいます（参考文献　走井公民館資料）。

写真は、杉の一木造の地蔵菩薩立像。この地で地蔵を守ってきた「峰の堂」は改修され自治会館として使われています。

大通寺保存会のお参り

金勝寺に登っていく山道の登り口付近に在る走井では、数軒の家が大通寺保存会として広目天立像《こうもくてんりゅうぞう》を守っています。

この仏像は、栗東歴史民俗博物館が開館以来、寄託資料として収蔵しており、毎年、同館にお参りに集まるそうです。

私たちが博物館で見る仏像は、信仰の対象であるという当たり前のことに、改めて気づかされます。

明日の走井を考える会

過疎化が進む走井の集落の生き残りを考え、自治会事業を側面から支援する団体として明日の走井を考える会が、平成28（2016）年に発足しました。

会のメンバーは走井の住民と、走井での活動を支えるメンバーで構成。交流人口を増やし、走井の認知を深めるために、ホタルの鑑賞会、田植え体験、稲刈り体験など、一年間をとおしてイベントや企画を展開されています。

会のホームページの名前は「ココロはしる　はずむらんらん走井」。

走井の地名にもある走る＝RUN。ココロがはずみ踊る様子を表す「らんらん」。明るく前向きな走井を知ることができるページです。走井の春夏秋冬のイベントや、とっておきのスポットが紹介されています。

ホームページ

栗東市公式観光サイトより　（一社）栗東市観光協会

走井の四人衆

宮城さんのお話しによく登場するのが明日の走井の四人衆。

宮城さんが座長、奥村修司さんは自治会長で地元（走井）のとりまとめ役、髙橋清一さんはカメラ撮影やマスコミなどの広報担当、そして小林義泰さんはイベント企画から司会進行・プレゼンなど表舞台の推進役です。とても自然に決まったように感じられるそれぞれの役割は、阿吽の呼吸で連携されていて、明日の走井を考える会の活動を動かすエンジンになっています。

四人衆を中心に、走井内外の人たちが集い、走井の取り組みを応援したくて、関わりたくて、自然にひき寄せられています。

座長の何でも「やってみる」という前向きな姿勢に共感しながら、相互にリスペクトし合える素敵な関係性。走井に関わることで、この素敵な関係性の中に入れてもらっているようで、とても充実した気持ちが生まれてきます。関わる人たちが増え続けている理由が、そこにあります。皆さんもここで一緒に何かやってみませんか。実は、私たちも新入りなんですが。

ハーベスタ イン走井

「ハーベスタ イン走井」は、金勝《こんぜ》の湧き水と肥沃な大地から育てられた清流米のかま炊きごはん、走井産の野菜や果物、その加工品の販売が行われる秋の収穫祭です。田植え、稲刈りと経て開催されるこのイベントを通じて、若者たちとのネットワークも形成され、京都大学、立命館大学など多くの若者も関わるイベントに進化しています。

　このイベントが開催されるのは、名神高速道路栗東インターチェンジからわずか15分という好アクセスながら、周りは緑に覆われ、まちの喧騒を忘れさせてくれる静かな場所。都市住民や子育て世帯の若者も多く集うイベントとして賑わっています。

　軽食が味わえるフードブースの出店や、高原ステージの音楽ライブも行われます。

　びわ湖も一望できる好ロケーションで、棚田状の田畑から眼下に広がる景色を眺め、野点を楽しむことができるのもサイコーです。

緑に囲まれ、のんびりとした静かな場所で、まったりとした時間を過ごせるこのイベントは毎年11月に開催されています。

走井アジサイロード

明日の走井を考える会結成後まず着手したのがこのアジサイロードです。

走井に「写真映えするスポットをつくりたい！」という思いで、県道から走井へ向かう道中に、平成30（2018）年から毎年こつこつと植樹を始め、現在では赤・青・白・紫など約600本の紫陽花《あじさい》が植えられています。

花が咲く頃には、色とりどりの紫陽花が走井を訪れる来訪者を歓迎するかのように、この手作りのアジサイロードは、走井のホスピタリティを象徴しています。

今後はゆったりと鑑賞できるように「あずまや」を設置する計画があるようです。

令和6（2024）年、現在進行形で苗木の定植がボランティアを募り続けられています。

左義長（さぎっちょ）

左義長は、小正月に行われる伝統行事の火祭りで全国各地で行われています。

地域によっては「どんど焼き」などと呼ばれることもありますが、ここ走井では「さぎっちょ」と呼びます。

切り出した竹を円錐状に組んで笹や藁をかぶせ、しめ縄や門松などのお正月飾りを燃やします。新年にお迎えした神様を煙と共にお送りするのです。

書き初めを一緒に燃やして炎が高く上がると字が上達する、左義長の火を持ち帰って餅を焼いて食すと縁起が良いとか、さまざまな言い伝えがあります。

天高く組み上げられ、勢いよく燃える様は壮観であり、誰もが惹き寄せられる正月の伝統行事です。あまりの勢いと、竹のはじける音に、尻餅をつく人も居るとか。

走井では、無病息災を願うこの伝統行事を「左義長体験」として開催しています。

令和6（2024）年の開催では、大学生や子ども連れの家族など、多くの参加者が集いました。


竹を切り出し、組み上げ、一気に燃やす。

一つひとつの工程を共に進めることで、参加者同士のそれぞれの距離が近づいていくのが感じられました。

最後に残火で餅を焼き、皆でお腹いっぱいになるまで食べる。走井の人のつながりも、こうして伝統行事をともに楽しみながら育まれてきたのが分かります。


栗東市の左義長は、笠井賢紀著『栗東市の左義長からみる地域社会』サンライズ出版（2019年）に詳しく紹介されています。

3

農と林のめぐみ

宮城定右衛門さんの語りから見えた、金勝・走井での農業や林業。当たり前のように広がる金勝山やその麓の農地には、これまでの社会環境の影響を受けながらも大事に守ってきた、語り尽くせない苦労があったはずです。これからの時代に伝えていかなければならない大切なことに満ちているはずです。

そんな語りの一部を紹介します。

※ここで記す年代表記は、宮城さんの語りをもとに記載しています。

林業

コーヒー一杯

栗東市内で唯一専業の林業家である宮城さん。「木は50年育ててもコーヒー一杯や」とぽつり。

植林してから下草刈りや間伐などの気が遠くなるほどの世話が必要で、木材として使い物になるまで育ててもまったく採算が合わないと言います。

それでも、山を守り育ててくれる人がいる。

山の恩恵を私たちは当然のように享受してきました。昨今の異常気象も相まって、山の適正管理が行われてこなかったために被害が拡大していることは明らかで、今後も深刻化していく問題です。

私たちの生命の源である森林を守るため、平成と令和の境に成立した「森林環境税及び森林環境譲与税に関する法律」により「森林環境税」と「森林環境譲与税」が創設されたことに期待が寄せられます。

第25回　全国植樹祭

定右衛門さんが植林を始めたのが、滋賀県で最初に開催された昭和50（1975）年の第25回 全国植樹祭の頃。

植林を続けて、約半世紀、20万本から30万本という桁違いの本数。面積にすると20から30 haでこれも想像を絶する数字です。

滋賀県指導林家（滋賀県資料より）

定右衛門さんは、平成13（2001）年、滋賀県指導林家に認定されるなど、林業後継者の育成にも尽力。長年、滋賀県林業研究グループ会長や金勝生産森林組合長を務めるなど、第一線で活躍されてきたことからの認定です。その後も継続した取り組みを進めてこられ、令和5（2023）年現在でも、国の林業団体の理事を務めるなど、林業界の重要な存在です。

滋賀県山林種苗協同組合

「苗木を県外から購入しないといけないようでは、滋賀県の林業が廃れていく」と、平成29（2017）年に、滋賀県山林種苗協同組合を設立。

令和4（2022）年に開催された第72回植樹祭では、参加者に配られた苗木づくりの全てを宮城さんが一人で担うなど、滋賀県の林業界を牽引する存在です。

滋賀県森の技術伝承研究会

若い林業家に植栽技術や間伐の知恵と技術、経営ノウハウなどを伝えるため、令和5（2023）年2月、滋賀県森の技術伝承研究会を発足。

発起人であり会長も務め、滋賀県内を走り回り、県内の林業家に自ら声かけをして、後進の指導や技術を伝承しておられます。

林業の課題とこれから

昭和38（1963）年、木材輸入の自由化が決定し、翌年から本格的に始動。その後、昭和43年（1968年）頃までは、国産材の価格は高騰しましたが、安価で安定的に供給される外国産材の需要が高まったこともあり、昭和44（1969）年から昭和45（1970）年頃に価格が下落し始めます。電気・ガス・石油への切り替えが進みエネルギー源としては時代に適さないと考えられるようになり、人々は山との関わりを減らし始めました。こうした時代の影響を受け、昭和60年代や平成に入ってからは、林業は衰退の一途をたどります。

この影響を受けて、滋賀でも苗木を作る林業家がほぼ居なくなってしまいました。

森の自然かん養やCO_2削減効果など、近年の気候変動に直結する課題に向き合う大切な産業でありながら、海外からの安価な木材の購入という市場経済の影響を受け、立ち行かなくなった林業。この問題に早くから取り組み、後継者育成なども視野に入れながら実直に向き合ってきた定右衛門さん。その偉大さは計り知れないものがあります。私たちに柔らかい笑顔で、それでいて真剣に語る林業への想い。

森や林が持つ多くの機能と役割とその未来は、皆で向き合っていくべき課題であることを教えてくださいます。

農業

定右衛門さんが携わる農業。こんぜ清流米は、今でも2町5反ほど。多種の野菜、イチジク、モモやブドウなどの果樹、農作物の品種をあげればキリがないくらいです。

地域ブランド　栗東いちじく

栗東いちじく生産組合は、栗東に特産品を作りたいという想いから、定右衛門さんが立ち上げた団体です。その取り組みは、いちじくジャムの製造販売や加工品開発など、ブランド化だけでなく6次産業化にも及びます。

平成3（1991）年頃、定右衛門さん、三浦二郎さん（観音寺）の二人で栽培を始めたのがきっかけだといいます。道の駅・アグリの郷栗東で販売を開始した後、事業を拡大。商品としての扱いが難しかった露地栽培から、ハウス栽培に切り替え、品質を向上させブランドイメージを確立し、販路が拡大していったそうです。

ブルーベリー

両親の体調を気遣い、農林業の手伝いにと戻ってこられた長女・今岡智恵美さん。

農業大学校で農業の経営等を学び、観光農園にチャレンジすることになったそうです。

農園では沢山の品種のブルーベリーがあり、それぞれの味を楽しむことができます。令和5（2023）年7月にオープンした定右衛門さん自作の休憩所「はしりFarm・カフェ」では、ブルーベリーをはじめとした季節のスイーツを提供。

訪れる人との交流の場としても、これからますます注目の場所になりそうです。

走井イラストマップ

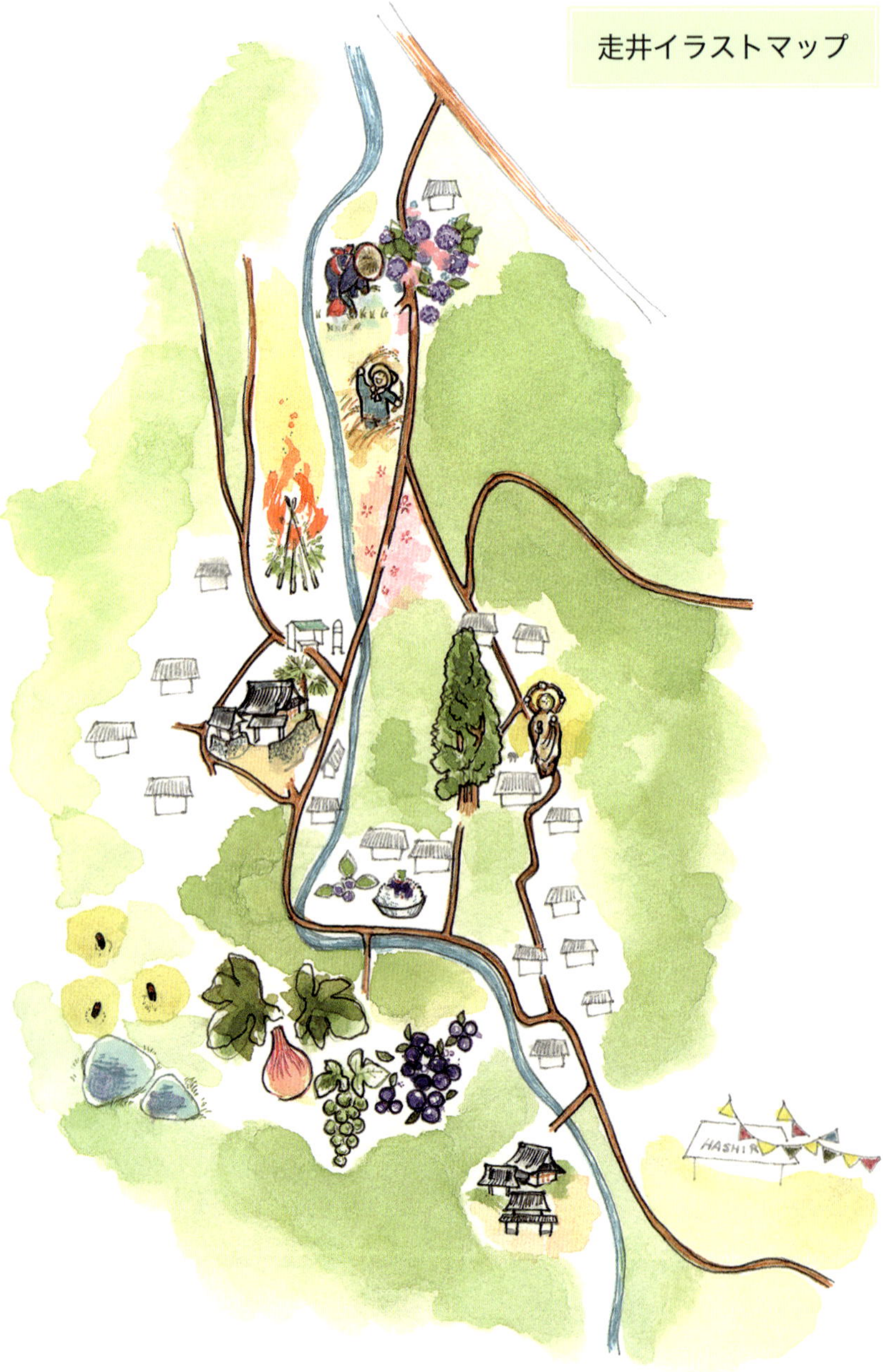

4 これからの走井とくらすむ滋賀

私たちは、住まいの記憶史調査を通じて、美しい建物の一つひとつに込められた想い入れや思い出に着目しつつ、地域のまちづくりに貢献したいと考えています。

ここ走井では、私たちが活動するずいぶん前から、まちづくり活動に向き合っておられます。その活動を聴き、知るうちに、私たちもその一端に加えていただけたらという想いを持つようになりました。

そんな想いがうまく重なり、いくつかの事業展開につながる見込みにあります。ますます盛り上がりを見せる走井に、これからも目が離せません。

奥こんぜ農泊推進協議会

令和5年（2023）年、農林水産省からの支援を受け、農泊事業を開始。

この活動は、農業体験、宿泊、食事を一体的に提供する仕組みづくりに着目した事業で、これまでの走井の農業体験や交流の取り組みと連携をとり、奥こんぜ地域全体の活性化や、都市住民や多くの交流づくりが目的とされています。

こうした活動を通じて、多くの人と人のつながりが生まれ、走井への愛着がますます拡がることが期待されています。

第2のふるさとづくりプロジェクト

「第２のふるさと」として、「何度も地域に通う旅、帰る旅」というスタイルを推進・定着させることで、国内観光の新しい需要を掘り起こし、地域経済の活性化につなげるため、観光庁が立ち上げたプロジェクトです。令和５（２０２３）年、観光庁からの受託事業により一般社団法人栗東市観光協会が調査事業に乗り出しました。

走井が進める交流事業の目的も、このプロジェクトと同じくするところが多いことから、観光コンテンツ化に、ともに取り組んでいます。

この事業では、走井での農業体験を通じて来訪した人たちを宿泊という滞在型観光に結びつける取り組みで、令和５年度、くらすむ滋賀もこの宿泊事業に関わることになりました。

イベントなどに参画する大学生たちの宿泊という実証実験で、地域の住民と学生たちが楽しそうに語り合う姿は、まさにまちの賑わいといえるでしょう。豊かな自然を背景に、笑顔が重なり合い、穏やかな時間がゆっくりと流れていて、とても落ち着く空間となりました。

これからも都会の喧騒の疲れを癒しに、奥こんぜの第２のふるさとに帰ってきたくなる、そんな素敵なネットワークが生まれるのではないでしょうか。

こうした宿泊体験を通じて、奥こんぜ走井に住まうという経験が、新しい記憶史として紡がれ、物語が上書きされていくことでしょう。

おわりに

走井にある宮城邸は、これからも多くの人々が訪れる「第2のふるさと」となる大切な場所であり続けます。

定右衛門さんが建て替えをすることで、家屋の寿命は大幅に伸びました。時代に合わせてカフェを併設するなど、見事な身のこなしでこの地と時代に適応した暮らしの場となっています。

そして、将来的な改修の余地も残しておられ、これからも、その時々に合わせた改修がなされるはずです。まさに「すみつぐ」走井の家。

本書が、この住まいの物語の一部として語り継がれるツールとして使われれば何よりです。きっとその時、私たちの後継者が新しい物語を紡いでいることでしょう。

NPO法人 くらすむ滋賀
（2020年6月19日 設立）

私たちの役割は、「家屋所有者」と「新たな住まい手」との橋渡し役であり、そのとき大切になるのが「想い」を伝えることです。語りを紡ぎ出し、丁寧なコミュニケーションを大切にすることで、誰にとっても良かったと思える「住み継ぎ」。一般的な不動産売買ではなく、売り手（貸し手）よし、買い手（借り手）よし、地域（社会）よしという、想い入れのある家屋を通じた三方よしを目指します。

栗東市との協働事業として、市が設置した【りっとう空き家バンク】を運営。建物の所有者の家屋に向けた想い入れや思い出にアプローチすることで、大切な家屋を住み継ぐ仕組みづくりに寄与することを目的としています。コミュニケーションを重視しながら、地域に向けた愛着を大切にする、「住み継ぐ」まちづくりに貢献していきます。

写真協力：髙橋清一さん、今岡智恵美さん

すみつぐ　愛すべき第2のふるさと 走井

2024年11月26日発行

編　著　NPO法人 くらすむ滋賀

発行者　NPO法人 くらすむ滋賀
理事長　竹山　和弘
滋賀県栗東市川辺419-8

発　売　サンライズ出版
〒522-0004 滋賀県彦根市鳥居本町655-1
電話 0749-22-0627　FAX 0749-23-7720

ISBN978-4-88325-833-8　Printed in Japan
定価はカバーに表示しています。乱丁・落丁本はお取り替えいたします。